인물로 시작하는 한국사 첫걸음

고려의 마지막 불꽃

양지안 글　홍지혜 그림

스푼북

작가의 말

나라면 어떤 선택을 했을까?

어떤 사람이 되고 싶은지 생각해 본 적이 있나요?

나는 어릴 때 꿈이 자주 바뀌었어요. 여러 꿈 가운데 하나가 발명가였지요. 신기한 물건을 뚝딱뚝딱 만들어 내는 일이 멋져 보였거든요.

좀 더 나이가 들고 나서야 어떤 직업을 가질지 생각하는 것만큼 어떤 사람이 될지 생각하는 것이 중요하다는 걸 알았어요. '발명'이라는 똑같은 일을 하더라도 사람들에게 도움 주는 물건을 만들 수도 있고, 해로운 물건을 만들 수도 있잖아요.

물론 어려서부터 '나는 반드시 나쁜 사람이 되고 말 거야!' 하고 다짐하는 사람은 없지요. 살면서 만나는 수많은 갈림길에서 어느 길을 선택하느냐에 따라 도착한 곳이 달라지는 거예요. 그렇다고 수많은 길을 모두 걸어 보고 어느 길로 갈지 결정할 수는 없잖아요?

그래서 우리보다 앞선 사람들의 이야기를 살펴볼 필요가 있어요. 다른 사람의 경험을 통해 배우는 거지요.

인물 이야기를 읽을 때는 주인공이 왜 그런 선택을 했는지, 나라면 어땠을지 생각하면서 읽어 보세요. 그런 간접 경험을 통해 생각하는 힘이 자라면, 내 삶에서도 좀 더 나은 선택을 할 수 있답니다.

그럼 지금부터 이 책의 주인공인 공민왕은 어떤 선택을 하고, 어떤 길을 걸었는지 함께 그 발자취를 따라가 보아요!

동화 작가

양지안

차 례

고려의 자주 개혁을 꿈꾸다
공민왕 … 6

왕이 되어 돌아오다
썩은 뿌리를 뽑다
몰아치는 개혁의 바람
전쟁의 소용돌이
누구를 믿을 것인가?

떠나는 사람들
이상한 꿈, 신돈의 세상
사라지는 불꽃, 불어오는 새바람

인물의 발자취를 찾아 떠나는 여행 … 94

인물 연표 … 104

찾아보기 … 106

왕이 되어 돌아오다

　찬 바람이 매섭게 몰아쳤다. 왕전은 한 발, 두 발, 천천히 땅을 밟아 보았다. 한겨울 추위에 꽁꽁 얼어붙은 흙이 왕전의 발을 단단히 받쳐 주었다.
　'마침내…… 돌아왔어.'
　왕전의 가슴 속에서 울컥하고 뜨거운 덩어리가 치솟았다.
　'10년……. 내 나라, 고려 땅을 다시 밟는 데 10년이 걸렸구나.'
　왕전은 열두 살이던 10년 전 이 길을 지나 원으로 끌려갔다.
　몽골족이 중국을 통일하고 1271년에 세운 원은 거대한 제국이었다. 원은 오랫동안 고려를 힘으로 내리누르고 못살게 굴었다. 원이 저지른 횡포* 가운데 하나가 고려 왕자를 원으로 데려가는 것이었다. 왕이 배워야 할 것을 가르친다는 핑계로 왕자를 인질** 삼아 끌고 갔다. 고려를 제멋대로 쥐고 흔들기 위해서였다. 그렇게 고려의 왕자를 잡아 두고 있다가 왕이 죽으면 고려로 돌려보내 왕위를 이

---

* 횡포: 자신의 세력을 믿고 제멋대로 난폭하게 굶.

** 인질: 나라 사이에 맺은 약속을 지키도록 상대 나라에 잡아 두던 왕자나 왕족 등의 인물.

어받게 했다.

 1351년, 고려 제30대 왕 충정왕이 원에 의해 왕위에서 쫓겨나자 왕전은 고려로 돌아올 수 있었다. 열두 살의 소년으로 떠나 스물두 살의 왕으로 고려에 돌아온 것이었다. 왕전은 고려 제31대 왕이 되었고 훗날 공민왕으로 불렸다.

 "날이 추우니 이만 어가*에 오르시지요?"

 부인인 노국 대장 공주가 조심스레 다가와 말을 건넸다.

* 어가: 임금이 타는 수레.

노국 대장 공주는 원 황제의 친척이었다. 고려의 왕자는 원 황실의 공주와 결혼해야만 왕이 될 수 있었다. 노국 대장 공주는 원의 공주이지만 이를 내세우지 않고 남편 공민왕과 그의 나라 고려를 존중하는 아내였다.

"바람이 몹시도 차갑구려."

공민왕은 고려의 산과 들을 바라보며 말했다. 노국 대장 공주가 고개를 끄덕였다.

"네, 겨울이니까요."

공민왕은 말없이 고개를 끄덕였다. 그러자 노국 대장 공주가 한마디 덧붙였다.

"겨울이 제아무리 매섭다 하여도 한때이지요."

"맞소. 계절은 어김없이 오가니, 이 메마른 땅에도 봄이 오고 새싹이 돋을 것이오."

공민왕은 노국 대장 공주가 하려던 말의 뜻을 제대로 알아들었다. 노국 대장 공주의 입가에 잔잔한 미소가 번졌다.

"네, 머지않아 이곳에도 따스한 봄바람이 불어올 것입니다."

공민왕은 소맷자락에 감춘 주먹을 힘껏 쥐었다.

'내가 반드시 그리 만들 것이다. 겨울이 가고 봄이 오듯, 고려는 원의 손아귀에서 벗어나 당당하게 우뚝 서게 될 것이야!'

공민왕은 꼬박 10년 동안 원에 살면서 원의 옷을 입고, 몽골어를 썼다. 하지만 자신이 고려의 왕자라는 걸 잠시도 잊지 않았다. 원에서 지내며 서러운 일을 당해도 힘없는 고려를 탓하거나 부끄러워하지 않았다. 절망하는 대신 고려의 왕자로서 고려를 위해 할 수 있는 일이 무엇인지 찾으려 애썼다.

'시대가 변하고 있다. 여기저기에서 반란이 일어나고, 권력을 넘보는 사람들도 한둘이 아니다. 이런 일이 계속되면 원도 힘이 약해지겠지. 그 기회를 잘 잡으면 고려도 원의 손아귀에서 벗어날 수 있을 것이야.'

그런 생각은 고려에 돌아온 뒤에도 이어졌다.

'원의 지나친 간섭으로 왕권은 불안정하고, 원에 아부하며 권력을 쥔 무리들의 수탈*과 횡포로 백성들은 지칠대로 지쳐 있다. 백성들이 마음 편히 살 수 있도록 이 나라의 힘을 키우려면 어떤 일부터 해야 할까?'

* 수탈: 강제로 빼앗음.

이때 신하 이연종이 왕의 마음을 읽은 것처럼 아뢰었다.
"전하, 변발과 호복은 우리 고려의 풍습이 아니니 따르지 않는 것이 옳습니다."

변발은 몽골족의 머리 모양을, 호복은 몽골족의 옷차림을 말하는 것이었다. 이연종은 공민왕에게 고려의 임금으로서 다른 나라의 머리 모양과 옷차림을 해서는 안 된다고 말한 것이다. 변발에 호복 차림이던 공민왕은 이연종의 말에 정신이 번쩍 들었다.

'원의 간섭에서 벗어나겠다

면서 지금까지 몽골족의 머리를 하고 그들의 옷을 입고 있었다니! 나도 모르게 길들어 깨닫지 못했구나. 이런 점을 노리고 원이 고려 왕자들을 붙잡아 둔 거겠지!'

공민왕은 등골이 오싹했다. 변발을 하고 호복을 입은 사람은 왕뿐만이 아니었다.

고려는 삼별초*의 항쟁** 이후로 무려 80년이 넘는 긴 시간 동안 원의 간섭을 받았다. 그러다 보니 머리 모양과 옷을 비롯해 음식이나 언어까지 원의 풍습이 고려 사회 곳곳에 스며들어 있었다. 특히 높은 지위와 권력을 가

* 삼별초: 고려 시대에 경찰과 전투 등의 임무를 수행하던 부대의 이름.
** 항쟁: 맞서 싸움.

진 사람들은 고려보다 크고 강한 원의 풍습을 따르는 것을 자랑으로 여기기도 했다.

공민왕은 이연종의 건의를 받아들여 곧바로 땋은 머리를 풀고 호복을 벗어 버렸다.

"깨우쳐 주어 고맙소. 내 생각이 모자랐소."

이연종은 왕의 말과 실행력에 크게 감동했다. 다른 신하들 역시 공민왕이 이전의 왕들과 다르다는 것을 깨달았다. 하지만 고려보다 원을 더 중요하게 생각하는 권문세족*들은 공민왕을 못마땅하게 생각했다. 이들은 원에 빌붙어 막대한 이익을 누리고 있었다. 그러니 고려에서 원을 밀어내려는 왕이 좋을 리 없었다.

"흥, 발버둥 쳐 봤자 고려의 왕은 원이 시키는 대로 하는 허수아비일 뿐이야."

"처음이라 아무것도 모르고 그러는 거지. 꿈틀대 봤자 더 세게 밟히기 밖에 더 하겠나."

공민왕의 눈에는 권문세족들이 어떤 생각을 품고 있는지 훤히 들여다보였다.

---

* 권문세족: 고려가 원의 간섭을 받던 시기에 고려의 지배층으로 등장한 세력.

'해야 할 일이 많아. 갈 길이 너무 멀구나……'

공민왕은 밖으로는 원의 간섭에서 벗어나고 안으로는 고려를 개혁해 자기 이익을 위해 나라에 해를 끼치는 세력을 없애야 했다. 스물둘, 갓 왕의 자리에 오른 공민왕의 어깨가 무거웠다.

썩은 뿌리를 뽑다

뿌리가 썩은 나무는 아무리 좋은 거름을 주어도 제대로 자라지 못한다. 나라도 마찬가지이다. 공민왕은 나라를 바로 세우기 위해서 썩은 뿌리부터 뽑아내야 했다.

"정방을 폐지하라!"

공민왕이 단호하게 명령했다.

정방은 나랏일을 하는 관리를 뽑는 곳이다. 그런데 권력을 쥐고 있는 관리들이 정방을 통해 자기 마음에 맞는 사람, 자기 말을 잘 듣는 사람에게만 벼슬을 주었다. 그러니 아무리 능력이 뛰어나도 권력자들에게 굽실거리지 않으면 벼슬자리에 앉을 수가 없었다. 이

렇게 된 것 역시 왕권이 약해진 탓이었다.

"정방을 폐지하다니요? 말도 안 됩니다!"

정방을 통해 이익을 얻던 신하들은 펄쩍 뛰며 반발했다.

"능력 있는 사람을 뽑아 일을 맡기려는 것이오."

공민왕의 말에 조일신이 대뜸 따져 물었다.

"바로 그걸 정방에서 하고 있지 않습니까?"

조일신은 공민왕이 원에서 지내던 시절 시중드는 일을 도맡았던 신하였다. 어려울 때 곁에 있어 준 신하였기에 공민왕은 왕이 되고 나서 조일신에게 높은 벼슬을 내려 주었다. 그러자 조일신은 우쭐거리며 공민왕 앞에서도 걸핏하면 멋대로 굴었다.

공민왕의 얼굴이 딱딱하게 굳었다.

"정방에서 뽑은 관리들이 한쪽으로 치우쳐 있지 않소? 좋은 나라를 만들기 위해서는 내 편 네 편, 편 가르기를 하지 않고 훌륭한 인재를 고루 뽑아야 한다는 걸 그대도 잘 알지 않소."

공민왕은 뜻을 굽히지 않고 정방을 없애 버렸다.

조일신은 속이 바짝바짝 타들어 갔다. 정방이 있을 때는 마음에 드는 사람에게 벼슬을 내리는 일이 아주 쉬웠다. 덕분에 자신과 친

한 사람이나 돈을 바치며 부탁하는 사람에게 벼슬자리를 나누어 줄 수 있었다. 그러나 정방이 없어지고 나서는 관리 한 명을 뽑을 때마다 여러 절차를 거쳐야 했다.

'이대로는 안 돼. 더는 두고 볼 수 없어!'

조일신은 채 한 달도 지나지 않아 공민왕을 설득하려 나섰다.

"전하, 정방이 없으니 관리를 뽑는 일이 쓸데없이 복잡하고 까다롭습니다. 정방을 다시 설치하는 것이 효율적입니다."

공민왕의 눈에는 조일신의 시커먼 속이 빤히 들여다보였다.

"복잡하고 까다로울 게 뭐 있소? 정방이 생기기 전에도 지금처럼 하지 않았소? 원래대로 되돌아간 것뿐이니 금세 자리가 잡힐 것이오. 너무 걱정하지 마시오."

조일신은 자기 뜻대로 되지 않자 씩씩대며 불만을 늘어놓았다.

"전하께서 고려로 돌아오실 때, 원의 관리들이 고려에 있는 자기 친척들에게 벼슬을 주라고 부탁하지 않았습니까? 전하께도 부탁하고 저에게도 부탁하였는데 정방이 없으니 관리를 뽑기가 너무 까다로워 일을 처리하지 못하고 있습니다. 부디 정방을 다시 설치해서 관직을 서둘러 내리게 해 주십시오."

공민왕은 속으로 깊은 한숨을 내쉬었다.

'원의 관리에게 부탁 받은 사람을 뽑기 위해 정방이 필요하다고? 그런 일을 없애려고 정방을 폐지한 내 뜻을 정말 모른단 말인가? 관리는 공정한 방식으로 뽑아야 하거늘!'

공민왕은 뻔뻔한 조일신에게 목청껏 호통치고 싶었다. 하지만 그러지 못했다. 왕의 자리에 앉아 있으나 마음대로 할 수 있는 일이 별로 없었다. 아직은 힘없는 왕이라 자칫 잘못했다가는 앞선 충정왕처럼 하루아침에 원에 의해 끌어내려지거나 죽임을 당할 수도 있었다.

'아직은 아니다. 지금은 힘을 키워야 할 때야. 그때까지는 참고 기다릴 수밖에 없다.'

공민왕은 화를 참으며 차분하게 조일신에게 말했다.

"정방을 폐지하고 옛 방식으로 돌아간 지 얼마 안 되어 다시 바꾼다면 사람들의 웃음거리가 될 것이오. 그대가 부탁 받은 사람이 누구인지 알려 주시오. 내가 담당 관리에게 말해서 처리하도록 하겠소."

공민왕으로서는 대단히 큰 양보였다. 그러나 조일신은 발끈 화를 냈다.

"그렇게 해서 될 일이 아닙니다!"

조일신의 말과 행동은 임금과 신하 사이에서 있을 수 없는 일이었다. 공민왕은 두 주먹을 불끈 쥐었다.

조일신은 원래 성질이 급하고 자신의 이익이 걸린 일이라면 물불 가리지 않고 덤볐다. 자기에게 굽실거리는 사람은 좋은 자리에 앉혀 마음대로 부리고, 자기 말을 안 듣는 사람은 관직을 빼앗고 다시는 벼슬자리에 오르지 못하게 만들었다. 하지만 공민왕은 조일신에게 벌을 내릴 수 없었다. 조정* 여기저기에 조일신의 편이 많기 때문이었다.

'조일신! 원의 관리들과 친분이 있다고 그 힘만 믿고 제멋대로 날뛰는구나.'

이런 조일신에게도 거슬리는 존재가 있었다. 바로 기황후의 오빠들이었다.

'기철, 기원, 기륜 이자들만 없으면 속이 시원할 텐데……. 이자들을 어떻게 없애지?'

조일신은 기씨 일가를 떠올리면 손톱 밑에 가시가 박힌 것처럼 신경이 곤두섰다. 당장 뽑아내 버리지 않으면 잠시도 마음 편히 살

---

* 조정: 임금이 나라의 정치를 신하들과 의논하거나 집행하는 곳. 또는 그런 기구.

수 없을 것 같았다.

　기황후는 기철과 기원, 기륜의 여동생으로 원에 공녀로 끌려간 뒤 황제의 눈에 띄어 황후의 자리에 올랐다. 고려는 원의 요구에 맞춰 해마다 수많은 재물과 여자를 바치고 있었다. 특히 원에서는 결혼하지 않은 여자를 바치라고 했는데, 이렇게 원에 끌려간 여자들을 '공녀'라고 불렀다. 공녀들은 대부분 노예로 팔리거나 궁녀가 되었는데 공녀가 황후까지 오른 것은 아주 드문 경우였다.

　기황후의 권력이 커지자 고려의 기씨 집안사람들은 기세등등해졌다. 기황후의 오빠 기철, 기원, 기륜은 기황후를 믿고 온갖 횡포를 일삼았다.

　"내가 누군지 알아? 내 동생이 원의 황후라고, 황후! 내 동생 말 한마디면 고려 임금을 갈아 치우는 것쯤은 일도 아니야!"

　기철의 의기양양한 모습에 조일신은 배가 아파 견딜 수 없었다.

　'흥, 동생 기황후를 믿고 설쳐 대는 꼴을 더는 두고 볼 수 없어. 꼴 보기 싫은 것들! 얼른 치워 버려야지.'

　기씨 일가를 죽이기로 결심한 조일신은 자신을 따르는 신하 10여 명을 불러 모았다.

"그대들도 기씨 집안이 고려에 얼마나 큰 해를 끼치는지 잘 알 것이네. 기씨 세력의 우두머리 기철을 비롯해 그의 형제 기원, 기륜을 그대로 놔두었다가는 나라가 큰 어려움에 빠질 것이 분명해. 나라를 위해 기씨 일당을 한 놈도 살려 두어서는 안 될 것이야."

조일신은 마치 충성스러운 신하가 나라를 걱정하듯이 말했다.

"어찌 없앨 생각이십니까?"

"섣불리 건드렸다가 도리어 우리가 큰일을 당할 수 있습니다."

모인 이들이 조심스럽게 물었다.

"뭘 어찌하냐니? 쥐도 새도 모르게 죽여 버리면 그만이지. 제아무리 뒷배*가 든든하다 한들 죽은 뒤에야 별수 있나."

조일신의 급한 성격을 잘 아는 최화상이 한마디 보태려 했다.

"그럼, 계획을 잘 세워서……."

하지만 말을 끝내기도 전에 조일신이 가로막아 버렸다.

"그깟 놈들 몇 죽이는 데 계획을 잘 세우고 말고 할 게 뭐 있나? 칼 쓰는 녀석들을 모아 단번에 해치우면 돼. 누가 한 일인지 모르게 뒤처리나 깔끔하게 하자고."

* 뒷배: 겉으로 나서지 않고 뒤에서 보살펴 주는 일. 혹은 그런 사람.

"그렇게 서두르면……."

최화상이 말리려 했으나 조일신은 이번에도 귀담아듣지 않았다. 오히려 답답하다는 듯이 짜증을 담아 목소리를 높였다.

"괜히 시간 끌다가 저쪽에서 눈치채면 끝이야. 이런 일은 눈 깜짝할 사이에 처리해야 해."

그 말에 아무도 토를 달지 못했다.

그날 밤, 조일신 일당은 같은 편인 병사들은 물론 칼을 쓸 줄 아는 불량배까지 끌어모았다. 그러고는 무리를 나누어 기씨 일당의 집으로 쳐들어갔다.

"사람 살려!"

"자객*이다!"

한밤중에 여기저기서 칼 부딪히는 소리와 사람들의 비명이 요란하게 울려 퍼졌다. 계획이 치밀하지 않은 데다 마구잡이로 끌어들인 사람들이 서로 갈팡질팡하는 바람에 기씨 세력을 없애는 일은 실패하고 말았다.

* 자객: 사람을 몰래 죽이는 일을 전문으로 하는 사람.

"멍청한 녀석들! 확실하게 처리하지 못하고!"

조일신은 남을 탓하며 거칠게 발을 굴렀다.

밤새도록 이어진 소란 속에서 목숨을 잃은 것은 기원 한 사람뿐이었다.

"일이 이렇게 되었으니 어쩔 수 없군."

조일신은 자신의 부하들을 이끌고 공민왕이 있는 궁궐로 쳐들어갔다. 그러고는 공민왕을 지키던 병사들을 죽이고 궁궐을 포위한 채 자신의 패거리에게 명령했다.

"당장 기철 등 도망친 기씨 일당을 잡아라. 한 놈도 남겨서는 안 된다."

조일신의 부하들은 기씨 일당을 찾아 개경 안을 샅샅이 뒤졌다. 그러는 동안 조일신은 공민왕에게서 임금의 도장인 국새를 빼앗아 스스로 높은 관직에 올라앉았다. 그러고는 패거리들에게 제멋대로 벼슬을 나누어 주었다. 그런데 시간이 지나도 도망친 기씨 형제들이 잡히지 않았다. 조일신은 마음이 불안해졌다.

'기씨 일당이 개경을 벌써 빠져나간 걸까? 내가 저지른 일을 기황후가 알게 되면 가만두지 않을 텐데, 이를 어쩌지?'

뒤늦게 고민하던 조일신에게 한 가지 음흉한 생각이 떠올랐다. 바로 자신의 죄를 남에게 덮어씌우는 방법이었다. 조일신은 자기를 믿고 따르던 최화상을 죽였다. 그러고는 태연하게 공민왕에게 아뢰었다.

"이번 일은 모두 최화상, 이자가 저지른 짓입니다. 제가 우두머리를 잡아 처리했으니 어서 나머지 일당을 잡아들이라 명하십시오. 최화상의 무리에게 붙잡혀 죽임을 당하는 사람이 늘어나면 기황후의 보복을 당해 내기 어려울 것입니다."

모든 상황을 알고 있던 공민왕은 조일신의 악랄함에 몹시 놀랐다.

'조일신, 네가 사악하다는 건 알았지만, 이 정도일 줄 몰랐구나. 자기를 믿고 따르던 사람을 죽이고 모든 잘못을 뒤집어씌우다니!'

공민왕은 먼저 조일신의 부하들을 잡아들였다. 그러고는 잇달아 조일신도 붙잡았다.

"나라를 어지럽힌 조일신을 처형하라!"

공민왕의 명령에 조일신은 끌려가지 않으려고 발버둥 쳤다.

"전하, 왜 이러십니까? 전하! 저는 아무 잘못도 없습니다! 오히려 죄를 지은 자들을 죽이고 잡아들이지 않았습니까? 어찌 저에게 이

러실 수 있습니까?"

아무리 소리쳐도 그를 도와줄 사람은 없었다. 그제야 조일신은 자신의 어리석음을 깨달았다.

'이런! 내 편이 하나도 남지 않았구나. 내 팔다리를 내 손으로 다 잘라내 버렸어.'

하지만 너무 늦은 후회였다. 공민왕은 조일신을 처형했다.

그렇게 사건은 마무리되었지만 공민왕은 기황후의 보복이 몹시 걱정스러웠다.

'오빠가 죽었으니 기황후는 절대 이 일을 그냥 넘기지 않을 것이다. 언젠가는 복수할 테고, 그 칼끝은 나를 향하겠지.'

공민왕은 머뭇거릴 새가 없었다. 나라 안팎의 적과 맞서 이기려면 하루빨리 힘을 길러야 했다.

몰아치는 개혁의 바람

공민왕은 겉으로는 원의 말을 따르는 척하면서 속으로는 원의 간

섬에서 벗어날 방법을 계속 궁리했다. 그러던 중에 뜻밖의 사람이 공민왕을 찾아왔다.

"전하를 뵙습니다. 쌍성총관부 지역에서 군사령관을 맡고 있는 이자춘이라 하옵니다."

쌍성총관부라는 말에 공민왕의 귀가 번쩍 뜨였다.

쌍성총관부는 원이 함경도 지역을 차지한 뒤에 직접 다스리려고 세운 관청이다. 공민왕은 빼앗긴 지 100년 가까이 된 그 땅을 언젠가는 되찾을 생각이었다. 그런데 뜻하지 않게 그곳에서 군사령관 벼슬을 하는 장군이 스스로 찾아온 것이다. 공민왕은 이자춘을 진심으로 반겼다.

"반갑소. 활쏘기와 말타기에 뛰어나 많은 군사가 따른다는 소리를 들었소."

"그저 잔재주일 뿐입니다."

이자춘은 겸손하게 머리를 숙였다.

'하늘이 나를 도우려는 모양이구나.'

이자춘의 공손한 태도에 공민왕의 얼굴이 한껏 밝아졌다.

"제 고조할아버지는 전라도 전주에 살다 함경도로 옮겨 왔습니

다. 저와 마찬가지로 쌍성총관부 지역에 사는 사람들은 대부분 고려 사람입니다."

이자춘은 '고려 사람'이라는 말에 힘을 주었다. 비록 원이 쌍성총관부를 세워 오랫동안 지배하고 있지만 그 땅에 사는 사람들은 원이 아닌 고려 백성이라는 점을 강조한 것이다. 공민왕은 이자춘이 하려는 말을 바로 알아들었다.

"백성들이 고생 많겠구려. 그대는 앞으로도 고려의 백성들을 잘 이끌어 주시오. 그리고 혹시라도 고려에 어려움이 생긴다면 부디 나를 도와주시오."

"마땅히 힘을 아끼지 않겠습니다."

이자춘은 선뜻 충성을 다짐했다.

"고맙소."

공민왕은 이자춘을 보며 마음이 든든해졌다. 조일신의 반란을 겪은 뒤로 몇 년 동안 공민왕은 원의 간섭에서 벗어나 고려를 개혁하려고 남몰래 준비해 왔다. 이제 힘을 보태 줄 든든한 지원군까지 만났으니 적당한 때를 노려 개혁을 밀어붙일 생각이었다.

1356년 5월.

드디어 공민왕이 간절히 기다리던 때가 왔다. 원의 황제가 기황후의 아버지를 경왕으로 삼는다는 조서*를 내렸다. 기황후의 아버지는 이미 죽은 사람이라 왕이라는 이름만 붙게 되는 것이지만 기씨 집안사람들에게는 영광스러운 일이었다.

"기원의 아들이 황제의 조서를 가지고 오고 있답니다."

신하의 말에 공민왕의 심장이 빠르게 뛰었다.

'원에 있던 기원의 아들까지 오다니, 더욱 잘되었어. 기씨 일당을 한꺼번에 없앨 기회야. 내가 왕위에 오른 지 5년, 드디어 오랫동안 기다린 때가 왔구나.'

공민왕은 신하들에게 잔치를 준비하라 명했다.

"기씨 가문에 경사가 있으니 잔치를 베풀어야겠다."

그러고는 잔치에 초대할 사람들을 일러 주었다. 기철을 비롯한 기씨 일당과 원과 가까운 신하 등 모두 공민왕의 개혁에 방해되는 사람들이었다. 공민왕은 이들을 한꺼번에 없애려고 한 사람도 빠짐없이 모이도록 했다.

* 조서: 임금의 명령을 사람들에게 알리려고 적은 문서.

마침내 모든 준비를 마친 날 공민왕은 잔치가 열리는 궁궐 곳곳에 날쌘 군사들을 숨겨 놓았다. 잔치가 시작되면 한 번에 없앨 계획이었다. 그런데 기철과 권겸, 두 사람이 계획보다 일찍 와 버렸다. 게다가 기철은 바짝 긴장한 채 주위를 흘끔거렸다.

공민왕이 어찌해야 할지 고민할 때, 한 신하가 다가와 속삭였다.
"기철은 눈치가 빠른 사람입니다. 머뭇거렸다가 일을 그르칠 수 있습니다."

그 말에 공민왕은 숨어 있던 군사들에게 공격 신호를 보냈다.

"지금이다, 공격하라! 기철과 권겸을 모두 잡아야 한다! 절대 도망치게 해서는 안 된다!"

"공격하라!"

"와아아아!"

군사들은 순식간에 기철과 권겸을 죽였다. 잇달아 잔치에 오지 않은 사람들까지 찾아 해치웠다. 고려가 원의 간섭에서 벗어나는 데 걸림돌이 되는 주요 인물을 모두 처리한 것이다.

그리고 바로 그날, 공민왕은 정동행중서성을 없앴다. 정동행중서성은 줄여서 '정동행성'이라고 불렀는데, 원래 원이 일본을 정벌하기 위해 설치한 기관이었다. 그러나 점차 원래 목적은 사라지고 원이 고려의 정치를 간섭하는 곳으로 변했다. 원은 정동행성을 자신들에게 반대하는 세력을 잡아 가두고 억누르는 기관으로 이용했다. 공민왕은 이를 가만히 두고 볼 수 없었다.

그뿐만 아니었다. 공민왕은 빼앗긴 영토를 되찾고자 했다.

"서북면병마사 인당은 압록강 서쪽 8개 역참을 공격하고, 동북면병마사 유인우는 쌍성총관부를 공격하라!"

공민왕은 기씨 일당을 없애자마자 즉시 북쪽으로 눈을 돌렸다.

하지만 공민왕의 명령을 받아 전투에 나선 유인우는 선뜻 공격에 나서지 못했다.

'우리 군사로는 이기기 어려운 싸움이야.'

유인우가 머뭇거리고 있을 때였다.

"내가 앞장서겠소."

쌍성총관부의 이자춘이 군사를 이끌고 왔다. 공민왕과 약속한 대로 쌍성총관부 지역을 원의 손아귀에서 되찾아오는 데 힘을 보태기 위해서였다.

생각지도 못한 고려군의 공격에 원의 군사들은 깜짝 놀랐다.

"고려군이 쳐들어온다!"

"아니, 이자춘! 네가 고려 편에 서다니!"

갑작스럽게 공격을 당한 원의 병사들은 허둥지둥 도망가기 바빴다.

"이 땅은 본래 고려의 영토이다! 우리의 영토를 되찾자!"

"물러서지 마라!"

"원을 물리치자!"

이자춘과 유인우의 군사는 안과 밖에서 쌍성총관부를 동시에 공격해 순식간에 적을 물리쳤다. 이로써 고려는 약 100년 만에 쌍성총관부 지역을 고려 영토로 되찾는 데 성공했다.

기씨 일당 제거, 정동행성 폐지, 쌍성총관부 수복*, 이 모든 일이

* 수복: 잃었던 땅이나 권리 따위를 되찾음.

5월 18일 하루에 이루어졌다. 원이 소식을 듣고 반격해 오기 전에 끝내려고 치밀하게 준비한 덕분에 가능한 일이었다. 일이 워낙 빠르게 진행되어 원은 어디서 어떤 일이 어떻게 벌어지는지 알지 못했다.

'해냈어. 우리도 할 수 있어! 내 기필코 고려를 당당한 자주 국가로 만들 것이다.'

오랫동안 기다렸던 공민왕의 개혁이 시작되고 있었다.

"원의 기황후가 가만있지 않을 텐데……."

"당장 원이 쳐들어오는 거 아니오?"

원이 군대를 이끌고 오지는 않을까 염려하는 신하들도 있었다. 하지만 원은 중국 남쪽에서 잇달아 일어난 반란을 진압하느라 고려에 신경 쓸 겨를이 없었다. 공민왕은 이 틈을 노린 것이었다.

전쟁의 소용돌이

기씨 일당을 처리하고 원의 간섭을 물리친 공민왕이 나라를 튼튼하게 만들 방법을 궁리할 때였다.

"홍건적이 압록강을 건너 쳐들어온다!"

국경에서 들려온 소식에 나라가 발칵 뒤집혔다.

홍건적은 원에 반란을 일으킨 농민군 무리였는데, 붉은 두건을

쓰고 다녀서 홍건적으로 불렸다. 황허강* 지역에 물난리가 크게 났을 때 나라에서 보살펴 주기는커녕 도리어 농민들을 쥐어짜며 못살게 괴롭히자 반란을 일으킨 것이다.

"홍건적이라니! 홍건적은 원과 싸우는 것 아니었느냐?"

공민왕이 화들짝 놀라 물었다.

"네. 맞습니다. 그런데 홍건적 무리 가운데 일부가 원과 싸우다 쫓겨 여기 고려로 향하고 있다고 합니다."

전혀 예상하지 못한 일이었다. 홍건적의 침략 소식은 잇달아 전해졌다.

"얼어붙은 압록강을 건너 넘어오는 홍건적이 4만 명이나 됩니다."

"적의 공격으로 의주, 정주, 인주, 철주가 모두 함락되었습니다."

"서경**도 함락되었습니다."

숨 돌릴 틈 없이 다급한 상황이었다.

공민왕은 장군들에게 명령했다.

"당장 군사를 이끌고 가서 적을 막아라!"

* 황허강: 중국 서부에서 황해로 흐르는 강으로, 중국에서 두 번째로 큰 강이다.
** 서경: 지금의 평양 지역.

명령을 받은 장군들은 군대를 이끌고 서경으로 달려갔다. 한겨울의 추운 날씨에도 병사들은 목숨을 걸고 치열하게 싸웠다. 밀고 밀리는 전투 끝에 빼앗겼던 서경을 되찾을 수 있었다.

"이겼다! 서경을 되찾았다!"

고려군의 사기가 올라갔다. 고려군은 기세를 몰아 홍건적을 모두 압록강 이북으로 몰아냈다. 홍건적이 고려군에게 쫓겨 다시 압록강을 건널 때는 그 수가 고작 300여 명뿐이었다.

홍건적은 물리쳤지만 그 사이 백성들이 입은 피해는 되돌릴 수 없었다. 수많은 백성이 한겨울 추위 속에서 집을 잃고 거리로 내몰렸다. 추위와 굶주림으로 가족을 잃고 큰 슬픔에 빠지기도 했다.

시련은 끝나지 않았다. 전쟁의 상처가 채 아물기도 전에 홍건적이 다시 쳐들어온 것이다. 이번에는 그 수가 10만 명이나 되었다.

'10만이라니! 지난 전쟁의 뒷수습도 아직 하지 못했는데, 어찌 이런 일이…….'

공민왕은 무너져 내리는 마음을 애써 추스르고 장군들에게 명을 내렸다.

"그대들만 믿겠소. 부디 적을 물리쳐 나라를 지켜 주시오."

"목숨 바쳐 싸우겠습니다."

장군들은 굳은 각오로 홍건적에 맞섰다. 그러나 끝없이 밀려드는 홍건적의 거센 공격을 막아 내기 어려웠다. 홍건적은 수도인 개경까지 위협했다.

"적의 기세가 만만치 않은데 우리 병사의 숫자가 너무 적소."

"허나 여기서 더 밀린다면 큰일이오."

장군들이 어렵게 병사를 끌어모아 군사적으로 중요한 교통로인 금교도를 막아섰다. 이곳만 지나면 궁궐이 있는 개경이 바로 코앞이었다.

"우리 군대가 금교도를 지키고 있지만 적의 숫자가 많아 오래 버티지 못할 것입니다."

전령*의 말에 신하들은 안절부절못하고 불안에 떨었다.

이때 한 신하가 나서서 말했다.

"전하, 당장 피난을 떠나셔야 합니다. 적이 언제 궁궐까지 밀어닥칠지 모릅니다."

그러나 장군들은 왕의 피난을 반대했다.

"전하께서 궁을 떠나시면 백성들이 혼란에 빠질 뿐 아니라 군사들의 사기도 떨어질 것입니다."

"머뭇거리다가 큰일을 당하면 어쩌란 말입니까! 전하가 살아 계셔야 나라를 구할 방법을 찾을 거 아닙니까?"

공민왕은 고민에 빠졌다.

'나라가 위험에 빠졌는데 임금이 앞장서 도망갈 수는 없다. 그렇다고 아무런 대책 없이 버티고만 있을 수도 없어…….'

어찌해야 할지 망설이는 사이 홍건적이 코앞까지 들이닥쳤다. 공민왕의 피난에 반대했던 장군들도 더는 말릴 수가 없었다.

"저희가 이곳에서 적을 막겠습니다. 전하께서는 어서 몸을 피하

* 전령: 군대에서 부대와 부대 사이에 명령이나 문서 전달을 맡은 병사.

십시오."

 궁을 나서는 공민왕의 발은 돌덩이를 매단 듯 무거웠다. 걸음이 쉽게 떨어지지 않았다.

 '이제야 개혁에 힘을 실을 수 있게 되었는데, 또 이런 시련을 겪게 되다니. 하늘도 무심하구나.'

 싸늘한 가을 바람에 뒹구는 낙엽처럼 공민왕의 마음도 어지럽게

흔들렸다.

　궁을 떠나 피난을 가는 공민왕의 모습에 백성들은 어찌할 바를 몰라 허둥대는가 하면 발을 동동 구르다 울음을 터뜨리기도 했다.

"백성을 버리고 어디로 가십니까!"

"우리는 어찌해야 합니까!"

　부랴부랴 짐을 챙겨 피난을 떠나는 사람과 먼 길을 나설 수 없어 남은 사람들 모두 두려움에 떨었다. 나라가 벌집을 쑤셔 놓은 듯 술렁거렸다.

　공민왕의 피난 행렬은 궁궐을 떠난 지 한 달 뒤 경상도 복주*에서

* 복주: 지금의 경상북도 안동.

멈추었다. 공민왕은 추위 속에서 전쟁을 치르는 병사들과 전쟁으로 집을 잃고 떠도는 백성들 생각에 몹시 괴로웠다.

'내 탓이다! 나라가 이 지경이 된 것은 모두 내가 부족해서다.'

공민왕은 백성들에게 자신의 잘못을 비는 교서*를 내렸다.

> ……
> 임금이 나라를 잘 다스리지 못해 가여운 백성들을 고통 속에 빠뜨렸다.
> 일찌감치 국방에 힘써 적이 감히 고려를 넘볼 수 없게 만들어야 했는데, 그러지 못하고 적에게 쫓겨 피난까지 하였다. 참으로 안타깝고 마음 아프다.
> 우리 군사들과 백성들이 추운 날에 얼마나 고생이 많은가. 모두 임금의 덕이 모자란 탓이다.
> ……

공민왕은 한 마디, 한 마디 진심을 담아 백성을 걱정하며 자기 잘

---

* 교서: 임금이 전하는 말이나 명령 등이 적힌 문서.

못을 뉘우쳤다. 공민왕의 뜻이 전해지자 피난을 떠난 임금을 원망하던 백성들의 마음이 차차 누그러졌다.

"이 나라 이 땅은 우리 것이야. 우리가 지켜야지."

"이대로 나라를 빼앗길 수는 없어! 빼앗긴 개경을 되찾아야 해!"

물방울이 모여 강물을 이루듯 백성의 마음이 하나로 뭉쳤다.

"개경을 되찾읍시다. 함께 힘을 모읍시다!"

여기저기에서 수많은 사람이 나라를 지키기 위해 모여들었다.

"홍건적을 몰아내고 고려를 지키자!"

"목숨 걸고 싸워 반드시 우리 땅을 지켜 내자!"

나라를 지키겠다는 의병*들의 기세가 하늘을 찔렀다.

공민왕은 의병 소식에 크게 감동했다. 동시에 다시 굳게 의지를 다졌다. 이내 정세운을 총지휘관으로 삼아 최영을 비롯한 여러 장군에게 홍건적을 물리치라 명하였다.

"부디 이 어려움에서 나라와 백성들을 구해 주시오."

정세운은 장수들과 20만 군사를 거느리고 홍건적에 점령된 개경을 포위했다. 이때 이자춘의 아들 이성계가 2,000명의 병사를 이끌

---

* 의병: 외적의 침입을 물리치기 위해 백성들이 스스로 만든 군대. 또는 그 군대의 병사.

고 와서 크게 활약했다.

나라를 지키려고 한데 뭉친 고려군은 마침내 개경을 되찾았다. 홍건적에 빼앗긴 지 두 달이 채 안 되었을 때였다. 꺾이지 않는 고려군의 강인한 기세에 홍건적은 허겁지겁 압록강을 넘어 도망쳤다.

누구를 믿을 것인가?

"이겼습니다! 적이 압록강을 넘어 도망쳤습니다!"

홍건적이 물러가고 전쟁이 끝났다는 소식이 공민왕에게 전해졌다.

'드디어 적을 물리쳤구나. 수많은 백성이 죽고 나라 곳곳이 잿더미가 되었지만…….'

만약 홍건적을 물리치지 못했다면 어떻게 되었을지, 공민왕은 상상만으로도 너무 끔찍해 몸을 부르르 떨었다.

"장군들, 정말 고생 많았소. 내 잊지 않겠소. 이제 개경으로 돌아가 전쟁으로 엉망이 된 나라를 다시 일으켜 세우고 백성을 보살피는 데 힘을 기울이겠소."

공민왕은 궁궐로 돌아가는 길을 서둘렀다. 그러나 공민왕의 곁에서 호위*를 맡고 있던 김용은 딴마음을 품고 있었다.

'흥, 이대로 돌아가면 전쟁에 나가 싸운 장수들만 대접받고 나는 찬밥 신세가 될 거야. 나도 임금의 호위를 맡지 않고 전쟁에 나갔다면 누구보다 잘 싸웠을 텐데, 별 볼 일 없는 녀석들이 우쭐대는 꼴을 보게 생겼어.'

욕심 많은 김용은 속이 잔뜩 꼬여 장군들을 시기하고 깎아내렸다. 거짓말을 전해 장군들이 서로 싸우다 죽게 만들기도 했다. 그러고는 그 사실이 들통나자 잘못을 반성하기는커녕 공민왕을 죽이려고 음모를 꾸몄다.

'왕이 원의 간섭에서 벗어나려 애쓰는 통에 원에서도 못마땅하게 여기고 있어. 어디 그뿐이야? 기씨 일당을 다 없앴으니 어차피 기황후가 왕을 가만두지 않을 거야. 내가 나서서 처리해 주면 좋아하겠지. 왕을 죽이는 건 식은 죽 먹기란 말이야.'

이때 공민왕은 고려에서 가장 큰 절인 흥왕사에 머물고 있었다. 홍건적의 침략으로 궁궐이 훼손되자 이를 수리할 때까지 흥왕사를

* 호위: 따라다니며 곁에서 보호하고 지킴.

왕의 거처로 삼은 것이었다.

 이른 새벽, 김용은 병사 수십 명을 이끌고 공민왕의 침실로 쳐들어갔다.
 "우리는 원 황제의 명령을 받들고 왔다!"
 김용의 병사가 소리쳤다.
 공민왕을 가장 가까이에서 모시던 내시는 뭔가 잘못되었다는 걸 바로 알아챘다. 그는 자고 있던 공민왕을 재빨리 깨우고는 곧바로 밀실에 숨겼다.
 "무슨 일이냐? 밖이 왜 이리 시끄러운 건가?"
 노국 대장 공주가 밀실 문을 막고 선 내시를 보고 다급하게 물었다.
 "원 황제의 명이라며 전하를 해하려는 자들이 들이닥쳤습니다."
 "이런!"
 노국 대장 공주는 놀라 당황할 사이도 없이 정신을 바짝 차렸다.
 "여기는 내가 지키고 있겠네. 가서 상황을 자세히 살피고 오게나."
 그러고는 내시 대신 밀실 문 앞을 지키고 섰다.
 "왕비는 어서 피하시오. 나를 죽이러 왔다면 그대도 위험하오."

공민왕은 밖에서 막아 놓은 밀실 안에서 말했다.

"제 걱정은 마세요. 누구든 원의 공주인 저를 함부로 죽이지는 못할 것입니다. 전하를 구할 사람들이 올 때까지 버티셔야 합니다. 제가 이곳에서 적을 막아 잠시라도 시간을 끌 수 있다면 마땅히 그리해야지요."

노국 대장 공주는 단호하게 말했다.

"어찌 이런 일이!"

공민왕은 기가 막혀 말이 나오지 않았다.

그사이 김용이 이끌고 온 병사들은 침전을 지키고 있던 호위 병사들을 죽이고 공민왕의 침실로 쳐들어갔다.

순식간에 밀고 들어온 김용의 병사들은 이불을 덮고 누워 있는 사람에게 칼을 휘둘렀다. 이불 속에 있던 사람은 공민왕을 모시던 또 다른 내시였다. 공민왕과 체격이 비슷한 내시가 적을 속이기 위해 이불 속에 누운 것이었다.

김용은 평소 공민왕을 가까이에서 모셨지만 방 안이 어두운 데다 그 짧은 시간에 사람이 바뀌었을 거라고 생각하지 못했다.

"잘 가시오."

김용은 공민왕을 죽인 줄 알고 만족스러운 듯 웃음을 지었다.

"너희는 남아 이곳을 지키고, 나머지는 나를 따르라."

김용은 병사를 나누어 개경으로 달려갔다. 김용이 들이닥친 곳은 수상* 홍언박의 집이었다. 홍언박은 공민왕의 외사촌으로 공민왕이 온전히 믿을 수 있는 몇 안 되는 신하 가운데 하나였다.

"수상 홍언박은 나와서 황제의 명을 받들라!"

김용 무리의 외침에 홍언박의 집에서는 난리가 났다.

"나리, 이게 무슨 일입니까? 전쟁이 끝난 게 아닙니까?"

"김용이 병사를 이끌고 쳐들어왔습니다. 어서 피하십시오."

상황을 알게 된 식구들은 홍언박의 등을 떠밀며 다그쳤다.

"어서 몸을 피하십시오."

그러나 홍언박은 옷을 갖춰 입으며 딱 잘라 말했다.

"한 나라의 수상으로서 어찌 비겁하게 도망칠 수 있겠소."

그러고는 당당하게 김용 앞에 나섰다.

"전하 곁에서 전하를 호위해야 하는 당신이 도대체 왜 여기 와 있는 것이오?"

* 수상: 고려 시대 조정의 우두머리를 가리키는 말.

"시끄럽다. 수상이라는 자가 왕을 제대로 모시지 못해 나라가 어지러우니 내가 그것을 바로잡으려는 것이다."

김용은 곧바로 칼을 휘둘러 홍언박을 죽였다.

"이제 다 끝났다. 하하하!"

김용은 왕과 수상이 사라졌고, 궁궐과 개경을 지키는 병사가 자신의 손아귀에 있으니 남은 일은 쉽게 풀릴 거라 여겼다. 하지만 커다란 착각이었다.

"뭐? 김용이 홍언박의 집에 들이닥쳤다고? 그럼 왕께서는 어찌 되셨단 말이냐!"

갑작스러운 소식에 놀란 최영은 군대를 이끌고 흥왕사로 황급히 달려갔다.

"안에서 무슨 일이 벌어지는지 모르니 섣불리 움직이지 마라."

최영은 부하에게 흥왕사 주위에 있는 병사들을 살펴보게 했다.

"김용의 병사들이 지키고 있으나 그 수는 많지 않습니다. 싸운 흔적도 없고, 절 안쪽도 조용합니다."

"좋다. 김용이 반란을 일으켰으니 김용의 병사는 우리의 적이다. 지금부터 적의 위치를 잘 파악해 재빠르게 공격해라. 당황한 적이

안에 있는 사람들을 다치게 하는 일이 없도록 조심해야 한다."

지시를 마친 최영은 앞장서서 흥왕사 안으로 들어갔다. 느긋하게 김용의 명령만 기다리던 병사들이 깜짝 놀라 달려들었다. 하지만 최영 병사들의 빠른 공격을 막아 내지는 못했다.

최영은 공민왕을 구해 낸 뒤 왕 앞에 무릎을 꿇었다.

"전하, 괜찮으십니까? 전하를 잘 모시지 못한 저를 벌하여 주시옵소서!"

"아니오. 나를 가장 가까이에서 보호하던 자가 이런 흉악한 마음을 품고 있을 줄 어찌 알았겠소. 장군이 이 반란을 잠재우고 바로잡아 주시오."

공민왕은 몹시 무거운 목소리로 명령했다. 최영은 군대를 이끌고 가서 김용을 붙잡았다. 그제야 김용은 공민왕을 죽이지 못했다는 사실을 깨달았다.

"이럴 수가……!"

김용은 반란을 일으킨 죄를 다른 사람에게 뒤집어씌우려고 했지만 결국 처형당했다. 공민왕은 여러 사람의 도움과 희생으로 목숨을 건졌으나 마음에 지울 수 없는 큰 상처가 남았다.

'아! 이제 누구를 믿을 수 있겠는가?'

공민왕의 혼잣말에 깊은 슬픔이 묻어 나왔다.

떠나는 사람들

공민왕이 흥왕사에서 반란을 겪고 궁으로 돌아왔을 때 백성들 사이에 좋지 않은 소문이 떠돌았다.

"기황후가 공민왕을 끌어내리려고 한대."

"충선왕의 셋째 아들 덕흥군이 왕이 될 거래."

"덕흥군이 원의 군사를 이끌고 국경으로 오고 있다던데?"

소문으로만 이따금 들리던 공민왕의 폐위* 이야기가 점차 자세하게 바뀌어 갔다.

공민왕은 눈살을 찌푸렸다.

'나를 왕위에서 끌어내리고 싶겠지. 내가 원을 거스르고 고려를 개혁하려는 것을 이제 확실히 알았을 테니.'

* 폐위: 왕이나 왕비를 그 자리에서 몰아냄.

원이 바라는 고려의 왕은 그저 왕이라는 이름만 달고 시키는 대로 움직이는 허수아비였다.

하지만 공민왕은 원의 편이 되기는커녕 오히려 관계를 끊어 내려 애썼다. 그러니 원이 공민왕을 곱게 볼 리 없었다.

'내 형님과 조카들을 왕위에 올린 것도 원이고, 그 왕위에서 끌어내린 것도 원이었다. 그러고는 죽음으로 내몰았지. 이제는 내 차례인 건가?'

백성들 사이에 퍼지던 소문은 사실이었다. 원은 이미 자기들 마음에 들지 않는 공민왕을 내쫓고 새로운 왕을 올리기로 결정했다. 공민왕이 고를 수 있는 길은 두 가지뿐이었다. 원의 뜻에 따라 왕의 자리에서 쫓겨나 죽음을 맞이하거나 원에 맞서 싸우는 것.

'한 걸음 한 걸음 겨우 원의 간섭을 끊어 냈다고 생각했는데, 결국 제자리였구나……. 이대로 물러선다면 예전으로 돌아가게 되겠지! 그러면 고려는 앞으로도 원에게서 벗어날 수 없다.'

공민왕은 백성들을 떠올렸다. 제 식구 먹여 살리기도 힘든 때에 감당하기 어려운 세금을 내는 것도 모자라 딸까지 원의 공녀로 바쳐야 하는 고달픈 삶. 또다시 그런 삶을 살게 할 수는 없었다.

공민왕은 다시 주먹을 불끈 쥐었다. 이 나라 백성을 생각해서라도 버텨야 했다.

"전하, 덕흥군과 최유가 원의 군대를 이끌고 국경을 향해 오고 있다고 합니다."

마침내 걱정하던 소식이 들려왔다.

"원의 군사는 한 발짝도 국경을 넘지 못하게 하라!"

공민왕은 국경을 단단히 지키라 명령했다.

한편, 덕흥군과 최유는 1만 명이나 되는 원의 군사를 이끌고 오면 공민왕이 겁을 먹고 도망칠 줄 알았다. 그런데 압록강을 앞에 두고 뜻밖에도 고려군이 거세게 대항하자 당황했다.

"이게 어찌 된 일이냐?"

최유는 군사들을 다그쳤다.

"고려군은 오랫동안 훈련을 제대로 받지 않았다. 원의 힘을 보여 주자!"

"와아!"

원의 군사들은 기세를 높여 고려군을 공격했다. 그러나 최영, 이성계 등 내로라하는 장군들이 힘을 모아 이끄는 고려군을 당해 내

기는 쉽지 않았다. 싸움이 갈수록 치열해지자 도망치는 군사들이 늘어났다. 추위에 시달리며 전투를 이어 가는 사이 군사들의 식량마저 떨어졌다. 덕흥군과 최유는 원으로 되돌아갈 수밖에 없었다.

원을 막아 냈으나 고려군이 입은 피해도 적지 않았다. 하지만 원과 싸워 이긴 것은 처음이었다. 전에 홍건적을 두 번이나 물리치긴 했지만, 홍건적은 숫자가 엄청나게 많긴 해도 대부분 정식으로 군사 훈련을 받은 적이 없는 농민들이었다.

"이겼다! 원을 막아 냈다!"

고려군은 한목소리로 승리를 외쳤다. 소식을 들은 공민왕은 안도의 한숨을 내쉬었다.

'이것으로 또 한고비를 넘겼구나. 하지만 원은 곧 다시 쳐들어올 것이다. 기황후는 나를, 우리 고려를 절대 그냥 내버려 두지 않을 것이다.'

공민왕의 생각대로 기황후는 어떻게 해서든 공민왕을 쫓아내고 고려를 다시 손아귀에 넣으려고 했다. 그러나 기황후의 뜻대로 되지는 않았다. 원에서 반란이 일어났기 때문이었다.

'하늘이 나를 살렸다.'

공민왕에게는 정말 고마운 일이었다. 기쁜 일은 그것만이 아니었다. 결혼한 지 15년 만에 노국 대장 공주가 임신한 것이다.

"전하, 축하드리옵니다. 나라에 이보다 큰 경사가 없습니다."

신하들의 축하에 공민왕은 기쁨을 감추지 못했다. 왕위를 이을 아들을 낳는 것은 왕이 해야 할 중요한 일이었다. 왕권이 불안하면 그로 인한 혼란이 계속되기 때문이었다. 공민왕은 줄곧 마음 한구석을 짓누르고 있던 돌덩이가 사라진 기분이었다. 노국 대장 공주도 이루 말할 수 없이 기뻤다. 그 오랜 시간 동안 하루도 빠짐없이 바라고 바랐던 일이 이루어진 것이다.

온 나라 백성들의 기대 속에서 노국 대장 공주가 아이를 낳는 날이 왔다. 공민왕은 노국 대장 공주의 순산을 빌며 초조하게 기다렸다. 긴장으로 입이 바짝바짝 말라 갈 즈음에 신하가 달려왔다.

"전하, 전하!"

"그래, 어찌 되었느냐?"

공민왕의 다급한 물음에 신하는 얼른 말을 잇지 못했다.

"어찌 말을 못 하느냐?"

"왕비마마께서 그만……."

공민왕은 말이 끝나기도 전에 노국 대장 공주에게 달려갔다. 가는 내내 다리에 힘이 풀려 몇 번이나 비틀거렸다. 노국 대장 공주는 아이를 낳다 그만 아이와 함께 세상을 떠났다.

"아니다, 아니야. 이럴 리가 없다!"

공민왕은 두 눈으로 보고도 믿을 수가 없었다. 하늘이 무너지고 땅이 꺼진 듯했다.

"미안하오, 미안하오."

공민왕은 넋을 잃고 수십 번, 수백 번을 되풀이했다.

"못난 나를 만나 고생 많았소. 그대는 목숨을 위협하는 적의 칼 앞에서도 당당히 나를 지켜 주었는데, 나는 그대를 지켜 주지 못하고 이리 보내는구려."

공민왕은 슬픔에 빠져 헤어나지 못했다. 어릴 때부터 하루도 편안한 날 없이 긴장 속에서 힘겹게 살아온 데다 왕이 된 뒤로는 더욱 마음고생이 심했다. 북쪽에서는 홍건적이 쳐들어와 개경까지 함락당하고 남쪽에서는 왜구가 걸핏하면 쳐들어와 괴롭혔다. 밖에서는 원이 사사건건 간섭해 옴짝달싹 못 하고 안에서는 권력을 쥔 권문세족의 횡포와 신하들의 반란이 끊이지 않았다.

그런 힘겨운 시간을 꿋꿋이 견디게 해 준 것이 바로 노국 대장 공주였다. 노국 대장 공주는 원의 공주이면서도 공민왕이 원의 간섭에서 벗어나 고려를 개혁하려는 것을 반대하지 않았다. 오히려 공민왕의 개혁을 응원하며 지지해 주었다. 정성으로 공민왕을 뒷바라지했을 뿐만 아니라 흥왕사 반란 때는 자신의 목숨을 걸고 지켜 주기까지 했다.

공민왕은 노국 대장 공주의 장례식을 화려하게 치러 주었다. 그러고는 직접 노국 대장 공주의 초상화를 그려 벽에 걸어 놓고 하루 종일 바라보았다. 공민왕의 그림 속 노국 대장 공주는 마치 살아 있는 것 같았다.

"오늘은 날씨가 무척 따듯하구려."

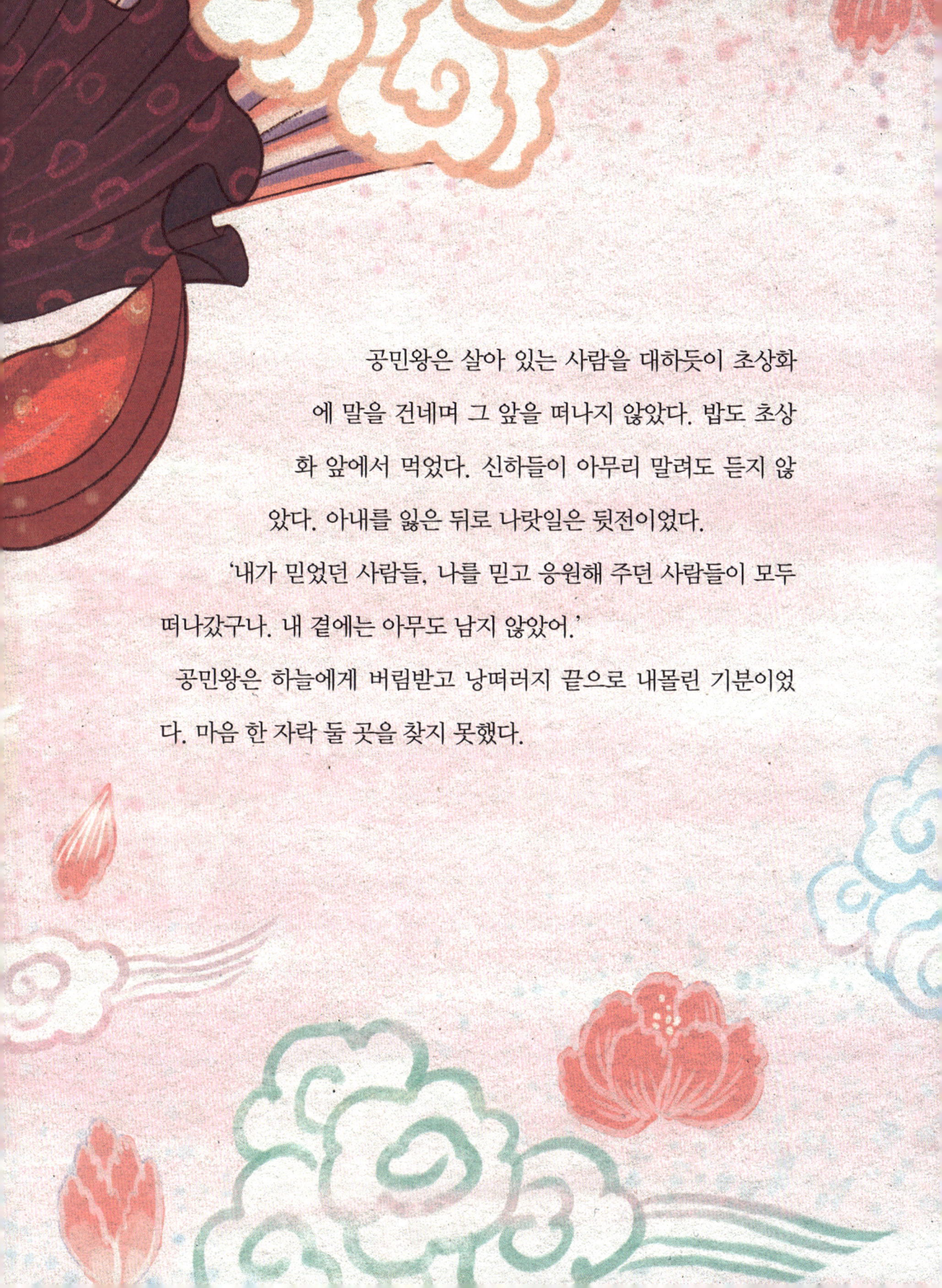

공민왕은 살아 있는 사람을 대하듯이 초상화에 말을 건네며 그 앞을 떠나지 않았다. 밥도 초상화 앞에서 먹었다. 신하들이 아무리 말려도 듣지 않았다. 아내를 잃은 뒤로 나랏일은 뒷전이었다.

'내가 믿었던 사람들, 나를 믿고 응원해 주던 사람들이 모두 떠나갔구나. 내 곁에는 아무도 남지 않았어.'

공민왕은 하늘에게 버림받고 낭떠러지 끝으로 내몰린 기분이었다. 마음 한 자락 둘 곳을 찾지 못했다.

이상한 꿈, 신돈의 세상

검은 복면을 쓴 사내가 긴 칼을 빼 들고 달려왔다.
"내 칼을 받아라."
사내가 휘두르는 칼을 피해 공민왕은 도망치려 했다. 하지만 발이 땅바닥에 붙어 떨어지지 않았

다. 사내는 순식간에 공민왕 앞까지 다가왔다.

'이제 죽는구나.'

공민왕은 다리에 힘이 풀려 털썩 주저앉았다.

그때 한 승려가 공민왕 앞을 막아서며 사내의 칼을 힘껏 쳐 냈다.

쨍그랑, 사내의 칼이 바닥에 떨어지는 소리에 공민왕은 긴장으로 참았던 숨을 한껏 내쉬었다.

'살았다!'

순간, 공민왕의 눈이 번쩍 떠졌다.

"헉!"

공민왕은 식은땀을 닦아 내며 주변을 둘러보았다.

'꿈이었구나. 꿈이 그리도 생생하다니······.'

꿈인 걸 알고 나서도 가쁘게 뛰는 가슴은 쉽게 진정되지 않았다.

'늘 편히 잠들지 못하고 마음을 졸이다 보니 이런 꿈을 꾸는구나.'

공민왕은 쓸쓸하게 웃으며 꿈을 잊으려 애썼다. 그리고 얼마 후 한 승려를 만났다. 승려의 얼굴을 본 공민왕은 깜짝 놀랐다.

"신돈이라 하옵니다."

꿈속에서 자신을 살려 준 바로 그 승려였다.

'이렇게 신기한 일이 있다니!'

공민왕은 신돈을 유심히 살피며 이야기를 나누었다. 신돈은 말을 잘하는 데다 지혜로웠다. 또한 공민왕과 뜻이 잘 맞았다.

'꿈에서 내 목숨을 구해 준 걸 보면 하늘이 나에게 보내 준 사람일지도 모른다.'

공민왕은 신돈을 스승으로 여기며 가깝게 지냈다. 신돈과 만나는 횟수가 늘어날수록 공민왕은 신돈을 믿고 의지했다.

"내가 이루고자 하는 개혁을 이토록 잘 이해해 주는 이는 스승뿐이오. 나를 도와 이 나라를 개혁해 주시오."

공민왕의 말에 신돈은 처음에는 공손히 사양했다.

"저처럼 보잘것없는 사람이 어찌 감히 그런 큰일을 맡을 수 있겠습니까?"

공민왕은 뜻을 굽히지 않고 거듭 부탁했다.

"지금 고려는 권력을 쥔 이들과 원을 따르는 무리가 얽히고설켜 서로 다투어 인재를 고르기가 쉽지 않소. 스승은 그들과 아무 관련이 없으니 자유롭게 개혁을 펼칠 수 있지 않소?"

공민왕이 보기에 신돈은 권력에 대한 욕심이 없어 보였다. 또 가족이나 친척이 없으니 누구에게 부탁 받을 일도 없을 것 같았다. 가진 게 없으니 잃을 것도 없고, 권력을 쥔 이들의 눈치를 볼 일도 없을 것 같았다.

"나는 백성이 마음 편히 살기 좋은 나라를 만들고 싶소. 그래서 전민변정도감을 설치해 백성들이 권문세족에게 빼앗긴 땅을 되돌려 주려 했소. 하지만 땅을 가진 자들이 아직 권력을 쥐고 있어 제대로 이뤄지지 않고 있소."

"그 점은 잘 알고 있습니다. 백성이 피땀 흘려 황무지를 일구어 논밭으로 만들어도, 권문세족들이 득달같이 달려들어 빼앗아 가 버리지요. 태어날 때부터 부와 명예를 가진 이들이 날마다 끼니를 걱정하는 백성의 고통을 어찌 알겠습니까?"

신돈의 말은 공민왕의 생각과 똑같았다.

"바로 그것이오. 스승은 나와 뜻이 같고 백성의 어려움도 몸소 겪었으니 누구보다 올바른 정치를 펼칠 것이오. 부디 백성을 위해 힘을 보태 주시오."

공민왕이 거듭 부탁하자 신돈이 조심스럽게 말했다.

"전하께서는 저를 믿으시지만 다른 사람들은 그렇지 않을 것입니다. 많은 사람이 저를 믿지 않고 따르지 않으면 끝내는 전하께서도 마음이 바뀌게 될 것입니다."

"그런 일은 절대 없을 것이오. 나는 끝까지 스승을 믿겠소."

공민왕은 신돈을 향한 자신의 믿음이 얼마나 굳센지 보여 주기 위해 신돈에게 글을 써 주었다.

> 스승은 나를 구하고, 나는 스승을 구할 것을 목숨을 걸고 맹세하오. 남의 말에 절대 흔들리지 않고 끝까지 스승을 믿을 것을 부처님과 하늘에 맹세하오.

공민왕이 신돈에게 나랏일을 맡기자, 반대하는 사람이 한둘이 아니었다. 하지만 공민왕은 신돈과 약속한 대로 흔들리지 않았다. 신돈은 나랏일을 맡은 지 석 달 만에 공민왕이 경계하던 신하들을 거의 다 쫓아내 버렸다. 심지어 나라를 구하는 데 여러 차례 큰 공을 세운 최영마저도 죄가 있다며 관직을 낮추고 개경 밖으로 멀리 쫓아냈다.

이에 신하들이 나서서 항의했다.

"최영 장군은 홍건적을 물리쳐 난리를 잠재웠을 뿐 아니라 전하의 목숨을 구한 공로도 있습니다. 그 공로는 후손까지 죄가 있어도

용서해 주어야 할 정도로 큰 것입니다. 그런데 무슨 이유로 장군을 내쫓으셨습니까?"

"전하! 이 나라에 인재가 모자란다 해도 어찌 일개 승려에게 나랏일을 돌보게 하여 천하의 웃음을 사십니까!"

그러나 공민왕은 귀담아듣지 않았다. 오히려 신돈을 반대하는 이

들에게 벌을 내려 꾸짖었다.

"고인 물은 썩게 마련이오. 최영 장군이 나라에 세운 공은 크지만

잘못 또한 저질렀소. 가뭄으로 백성들이 힘겨워 하는 때에 성대한 사냥 행사를 열지 않았소? 공을 세웠다고 모든 잘못을 눈감아 줄 수는 없는 일이오. 게다가 승려가 나랏일에 관여하는 것이 어째서 웃음거리가 된다는 말이오? 지금 벼슬아치들은 나무뿌리처럼 얽혀서 자기의 이익을 위해 서로 잘못을 숨겨 주고 권력을 얻기 위해 날뛰고 있소. 오히려 그런 자들에게 나랏일을 맡기는 것이 웃음거리이지 않겠소?"

공민왕의 말에 신하들도 더는 말을 잇지 못했다. 최영이 사병*을 거느리고 큰 사냥 행사를 연 것은 확실히 백성의 어려움을 살피지 못한 잘못된 행동이었다. 하지만 이를 구실 삼아 최영을 벌준 데는 신돈의 개인적인 감정이 들어가 있었다. 최영이 공민왕 몰래 신돈에게 뇌물을 준 사람을 야단쳤기 때문이었다. 공민왕은 그러한 사정을 몰랐고, 최영이 많은 사병을 거느리고 있다는 점도 마음에 걸렸다.

'조일신과 김용도 나와 가까웠던 자들이었다. 그럼에도 내 목숨을 노리고 반란을 일으켰지. 최영이 지금은 나와 나라에 충성을 다하고 있지만 언제 어떻게 변할지 알 수 없는 일이야.'

* 사병: 권력을 가진 사람이 사적으로 훈련시켜 데리고 있는 병사.

공민왕은 그동안 여러 일을 겪으면서 주위 사람들을 온전히 믿지 못하고 의심하게 되었다. 신돈은 그런 공민왕의 마음을 꿰뚫어 보았다. 신돈도 처음에는 아무런 욕심 없이 공민왕을 도우려 했다. 하지만 권력을 손에 쥐자 점차 변해 갔다.

신돈은 술과 고기를 좋아했지만 공민왕을 만날 때는 늘 허름한 옷을 입고 채소와 과일만 먹으며 술 대신 차를 마셨다. 공민왕의 마음을 얻기 위해 아무 욕심이 없는 사람처럼 행동했다.

공민왕이 자신을 믿고 모든 일을 맡기자 신돈은 언제 어디서든 당당하고 거침이 없었다.

"나는 전하를 도와 전하의 뜻대로 일하는 것뿐이오."

신돈은 자기 이익을 챙기면서 한편으로는 공민왕이 하려던 개혁에도 힘을 썼다. 그가 나랏일을 맡으며 공들인 일 가운데 하나는 백성이 억울한 일을 당하지 않게 하는 것이었다.

"지금 고려는 많이 가진 사람과 적게 가진 사람의 차이가 너무 크오. 게다가 많이 가진 사람이 적게 가진 사람의 것을 자꾸 빼앗아 가고 있소. 앞으로 억울하게 노비가 된 사람들의 신분을 회복시키고, 아무런 잘못 없이 땅을 빼앗긴 사람들에게 땅을 돌려줄 것이

오. 그동안 제 역할을 못 했던 전민변정도감을 이번에는 확실하게 운영할 것이오."

신돈의 말에 나라 안이 떠들썩해졌다. 전민변정도감은 권문세족들에게 빼앗긴 땅을 원래 주인에게 돌려주고 억울하게 노비가 된 사람들을 양민*으로 되돌려 놓기 위해 만든 관청이었다. 공민왕이 왕위에 오른 뒤에 곧바로 전민변정도감을 설치했으나 권력을 쥔 신하들의 거센 반대와 나라 안팎의 여러 사정으로 제대로 운영하지 못하고 있었다.

이번에도 넓은 땅과 많은 노비를 가진 이들이 불만을 터뜨렸다.

"내 것을 왜 빼앗겠다는 거야! 내가 뭘 어쨌다고!"

한편 땅을 빼앗겼던 사람들은 기뻐했다.

"내 땅을 되찾게 된다니! 이런 날이 올 줄이야!"

빚을 갚지 못했거나 먹고살기 힘들어 노비가 된 사람들도 들떴다.

"양민이 된다! 이제 노비로 살지 않아도 돼!"

신돈은 권력자들을 억누르고 힘없는 백성들을 위해 주었다. 양민과 노비 들은 자신들을 위해 발 벗고 나서는 신돈을 떠받들었다.

* 양민: 고려 시대의 일반 평민.

"성인*이 나타났다."

신돈을 마주치기라도 하면 백성들은 큰 소리로 외쳤다.

공민왕은 그런 신돈에게 칭찬을 아끼지 않았다.

"일을 바르게 처리해 주어 정말 고맙소. 잘 알겠지만, 고려의 권력자들은 자기들끼리 벼슬을 물려주고 나누어 갖는다오. 권문세족이 아니어도 능력 있는 인재는 언제든지 관리가 되어 백성을 위해 일할 수 있어야 하오. 좋은 인재들을 뽑아 쓸 수 있게 해 주시오."

공민왕은 그동안 학문을 닦고 인재를 길러 낼 교육 기관과 제도가 제대로 갖춰지지 못한 것을 안타까워했다. 교육 개혁은 공민왕이 중요하게 생각한 개혁 가운데 하나였다.

"걱정 마십시오. 과거 제도를 고쳐 나라 구석구석에 숨어 있는 뛰어난 인재들을 찾아낼 것입니다. 또한 오래전에 불탄 성균관 건물을 다시 지어 많은 이들이 학문을 닦을 수 있도록 하겠습니다. 고려 으뜸 교육 기관이라는 이름에 걸맞도록요."

신돈의 말에 공민왕의 얼굴이 밝아졌다.

"그것이 내가 바라는 바요. 마치 내 마음을 훤히 들여다본 듯하

* 성인(聖人): 지혜와 덕이 매우 뛰어나 길이 우러러 본받을 만한 사람.

오. 스승만 믿고 맡기겠소."

"예, 힘을 아끼지 않겠습니다."

신돈은 성균관을 짓는 데 많은 돈과 정성을 들였다. 고려를 개혁하려면 새로운 인재가 많이 나와야 했다. 성균관이 그 역할을 맡게 된 것이다.

성균관이 완성되자 성균관의 으뜸 벼슬인 대사성에 이색이 올랐다. 이색은 공민왕이 왕위에 오른 첫해에 교육 개혁을 건의한 인물이었다. 이색은 예전에는 수십 명뿐이던 성균관 학생을 100명으로 늘렸다. 또 과거에 급제한 정몽주, 김구용, 박상충 등을 뽑아 학생들에게 성리학*을 가르치게 했다. 학생들은 날마다 수업을 듣고, 수업이 끝난 뒤에는 서로 모여 토론하며 공부를 이어 갔다.

공민왕은 신돈이 자기가 하려던 일을 척척 알아서 하자 마음이 놓였다. 그래서 곧 모든 나랏일을 신돈에게 맡겼다.

* 성리학: 사람의 성품과 우주의 원리 등을 연구하는 학문.

사라지는 불꽃, 불어오는 새바람

공민왕은 노국 대장 공주를 잃은 뒤로 슬픔에 빠져 나랏일에 의욕을 잃었다. 고려를 개혁하겠다는 의지도, 고려 백성을 잘살게 하겠다는 다짐도 모두 관심 밖이 되었다.

나랏일은 신돈에게 맡겨 놓고 방안에 틀어박혀 그림을 그리거나 글씨를 썼다. 공민왕은 그렇게 혼자 조용히 지내며 노국 대장 공주를 추억하고 싶었다. 그런데 신하들이 자꾸 신돈의 잘못을 아뢰었다.

"신돈은 겉과 속이 다른 사람입니다. 전하 앞에서는 낡은 옷을 입

고 채소만 먹으면서 검소한 척하지만, 전하가 안 보는 곳에서는 화려한 비단옷을 입고 고기만 먹습니다."

"신돈은 말만 번지르르합니다. 말로는 집이 필요 없다고 아무 데서나 살면 된다고 해 놓고 대궐 같은 집을 일곱 채나 가지고 있습니다."

"전하, 신돈을 처벌해 주십시오. 그가 많은 사람에게 뇌물을 받고 그들의 부탁을 들어주고 있습니다."

공민왕은 신하들이 신돈을 시기해* 없는 말을 꾸며 낸다고 생각했다.

그러나 신하들의 말을 하도 여러 번 듣다 보니 마음이 흔들렸다. 공민왕은 신돈과 함께 나눈 맹세를 떠올렸다.

'그래. 스승을 믿고 남의 말에 흔들리지 않기로 한 맹세를 잊지 말자!'

공민왕은 다시 마음을 굳게 먹고 신하들의 말을 듣지 않으려 귀를 꽉 닫았다.

신돈은 여러 사람이 공민왕에게 자신의 잘못을 전하고 있다는 걸

* 시기하다: 남이 잘되는 것을 샘하여 미워하다.

알아챘다.

'흥, 감히 나를 건드리다니!'

신돈은 두 주먹을 부르르 떨었다. 얼마 전까지는 공민왕의 눈치를 살피고 몸을 사렸다. 하지만 이제는 그럴 필요가 없었다. 공민왕이 신돈을 믿고 그에게 막강한 권력을 주었기 때문이다. 신돈은 거침없이 권력을 휘둘러 마음에 들지 않는 사람을 멋대로 내쳤다. 그제야 공민왕도 무언가 잘못되었다는 걸 깨닫고 신돈을 다시 보기 시작했다.

공민왕과 신돈 사이의 믿음이 깨지자 신하들은 거짓을 꾸며 둘 사이를 이간질하기 시작했다. 어느 날, 재상 김속명의 집에 문서가 날아들었다. 그 문서에는 신돈이 공민왕을 죽이고 반역*을 꾀한다는 내용이 써 있었다.

"끝까지 믿으려 애썼는데, 너마저 나를 배신하다니……."

마침내 공민왕은 신돈을 처형했다.

'내가 믿을 수 있는 사람은 이 세상에 단 한 사람도 없는 것인가?'

공민왕의 마음은 다시 한번 산산이 부서지고 말았다. 등잔불이

* 반역: 왕에게서 나라를 다스리는 권한을 빼앗으려고 함.

바람에 흔들리며 짙은 그을음을 만들어 내듯 공민왕의 마음은 끊임없이 되풀이되는 배신에 뒤흔들리며 새까맣게 타들어 갔다.

그러나 나랏일을 도맡아 하던 신돈이 죽었는데도 공민왕은 나라를 돌보려 하지 않았다.

"전하, 임금이 해야 할 일을 게을리하시면 아니 됩니다."

"전하, 상소문이 쌓이고 있습니다."

신하들의 말에도 공민왕은 꼼짝하지 않았다.

'어려서부터 내 나라 고려를 개혁하고 강하게 만들어 백성이 편안하게 살게 하고 싶었다. 그럴 수 있을 거라 생각했는데……'

원의 간섭에서 벗어나 고려를 개혁하려 했지만 수많은 장애물에 공민왕의 개혁 의지가 꺾여 버리고 만 것이다.

공민왕은 자기 생각에만 빠져들었다. 이를 보다 못한 신하들은 분통을 터뜨렸다.

"이대로 두고 볼 수만은 없습니다."

"나라와 백성을 내팽개친 왕은 왕이 아닙니다."

"이런 상황이 이어지면 나라가 어지러워지고, 외적의 침략을 받게 될 것입니다."

결국 신하들의 뜻은 하나로 모아졌다. 몇몇 신하가 칼을 뽑아 들고 공민왕의 침실로 쳐들어갔다.

공민왕은 언젠가 꾸었던 꿈처럼 시퍼런 칼날을 두 눈으로 바라보았다. 하지만 공민왕을 지켜 줄 사람은 아무도 없었다. 공민왕을 도와 도망쳐 줄 신하도, 대신 칼을 맞아 줄 사람도, 문 앞을 막아서 줄 노국 대장 공주도 없었다.

공민왕은 그대로 신하의 칼을 맞았다. 순간, 공민왕의 머릿속에 지난 일들이 하나둘 스쳐 지나갔다.

'10년 만에 고려로 돌아와 변발을 풀고 호복을 벗어 던졌지. 조일신, 김용, 신돈, 믿었던 이들이 반란을 일으키고 나를 배신했어. 기씨 일당을 없애고, 외적을 막아 내고, 원의 군사들도 막아 냈지……. 고려를 잘 다스려 백성들이 살기 좋은 나라를 만들고 싶었는데…….'

수많은 일이 있었고, 수많은 사람이 있었다. 그 많은 사람과 그 많은 일을 겪으며 공민왕은 기울어 가던 고려를 위해 개혁의 의지를 불태웠다.

밖으로는 원이 망하고 명이 들어섰다. 안으로는 옛 권력자들이 밀려나고 새로운 세력이 힘을 키우기 시작했다.

이제 고려의 앞날은 남은 이들의 몫이 되었다.

공민왕이 마지막 숨을 몰아쉴 때, 성균관에서 책 읽는 소리가 희미하게 들려왔다. 고려에 새로운 바람이 불어오고 있었다.

인물의 발자취를 찾아 떠나는 여행

태조 왕건이 세운 고려는 주변의 나라들과 교류하면서 문화를 발전시켜 나갔어요. 수도였던 개경은 외국인으로 북적거렸고, 외국인을 위한 숙박 시설도 많았다고 해요. 덕분에 외국인들이 고려를 부르던 이름 'KOREA'는 오늘날 우리나라의 영어 이름이 되었지요.

송에서 들어온 학문과 예술은 고려에서 한층 더 발전했어요. 특히 고려청자는 송의 도자기보다 아름답다는 평가를 받았지요. 팔만대장경은 고려의 뛰어난 인쇄술을 보여 주었고,

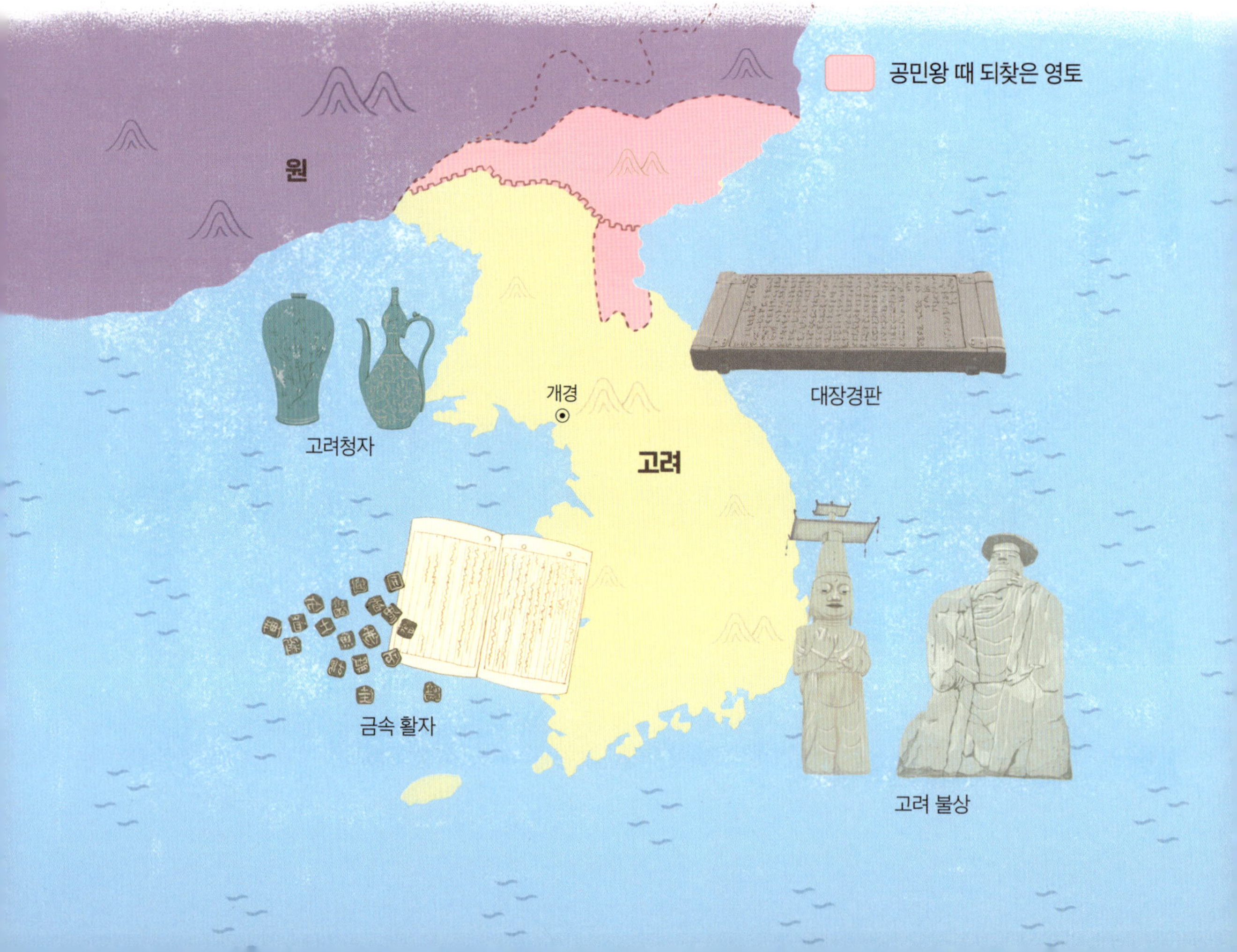

공민왕 때 되찾은 영토

원

고려청자

개경

고려

대장경판

금속 활자

고려 불상

세계 최초로 발명한 금속 활자는 누구도 따라올 수 없는 놀라운 기술이었답니다.

하지만 거란, 여진, 몽골, 홍건적과 왜구 등 끊임없는 외적의 침입을 받으며 고려는 조금씩 기울어지기 시작했어요. 원의 간섭과 권문세족들의 횡포로 왕권은 점점 약해졌지요.

그런 시기에 무너져 가는 고려를 일으키기 위해 개혁을 추진했던 왕이 바로 공민왕이에요. 아쉽게도 공민왕의 개혁이 실패로 돌아가면서 500여 년을 이어 온 고려는 막을 내리게 되지요. 하지만 찬란하게 빛나는 고려의 문화는 지금도 자랑스러운 우리 역사를 장식하고 있습니다.

개성이 넘치는 고려 불상

고려를 세운 왕건은 송악(개성) 지역의 호족이었어요. 통일 신라 시대에 지방에서 군사를 거느리고 세력을 이루던 사람을 '호족'이라고 해요. 후고구려를 세운 궁예와 후백제를 세운 견훤도 호족이었지요.

호족은 자신의 힘을 과시하기 위해서 독특한 문화를 발전시켰어요. 바로 거대한 불상을 만드는 것이었지요.

대표적으로 논산에 있는 관촉사 석조미륵보살입상은 높이가 18미터나 되는 우리나라에서 가장 큰 불상이에요. 고려 광종의 명령으로 혜명 스님이 100여 명의 석공

▲ 논산 관촉사 석조미륵보살 입상 © 셔터스톡

▲ 안동 이천동 마애여래입상 ⓒ 게티이미지코리아

과 함께 약 40년 동안 만들었다고 해요. 몸에 비해 커다란 얼굴을 한 번 들여다볼까요? 부리부리한 눈, 두터운 입술, 큰 입, 살찐 턱선은 부처님과 어울리지 않아 보여요. 하지만 오히려 큰 힘이 느껴지지 않나요?

안동에 있는 이천동 마애여래입상 역시 암벽을 이용해 만든 거대한 불상인데요. 머리 부분을 따로 만들어 올렸지요. 고려 사람들은 이렇게 개성 있는 불상을 만들고 그 앞에서 부처님의 돌보심을 기원했을 거예요.

강진 고려청자박물관, 천하제일 고려청자

공민왕과 노국 대장 공주는 어떤 생활용품을 사용했을까요? 아마도 화려한 고려청자를 사용했을 거예요. 그런데 청자를 만드는 기술은 원래 중국에서 전해진 것이에요. 중국인들은 푸른 옥을 보물로 여겨서 푸른 빛을 내는 도자기, 즉 청자를 최고로 여겼다고 해요.

마치 옥을 깎아서 만든 듯 아름다운 청자는 고려에서 크게 발전했어요. 아름다운 형태와 은은한 비색(푸른색), 유리 같은 반짝임이 더해진 고려의 청자는 그릇, 술병, 베개, 기와 등 각종 생활용품으로 사용되어 귀족 생활을 더욱 호화롭게 만들어 주었지요. 특히 도자기의 표면에 무늬를 파고 그 홈을 따라 다른 색깔의 흙을 채워 넣은 상감 청자는 고려에서만 볼 수 있는 독특한 기법이었어요. 송에서도 고려청자를 보고 '고려의 비색은 천하제일'이라고 말할 정도였답니다.

특히 전남 강진에서 만들어진 청자는 품질이 우수하기로 유명했어요. 강진은 질 좋은 고령토와 규석이 많이 나는 곳이거든요. 게다가 산이 울창해서 도자기를 구울 땔감이 넉넉하고, 바다가 가까워 배를 띄워 운반하기에도 좋았죠. 청자를 만들던 가마 유적지가 많이 남아 있는 강진군 대구면 고려청자박물관에서 청자의 아름다움을 느껴 보아요.

▲ 강진 고려청자박물관의 청자 장인상 ⓒ 문화재청

▲ 강진 고려청자박물관 전시실 ⓒ 문화재청

▼ 전남 강진 고려청자박물관 ⓒ 문화재청

▲ 전남 강진 청자 가마터 ⓒ 문화재청

▲ 청자 상감 운학문 매병 ⓒ 간송미술관   ▲ 청자 참외 모양 병 ⓒ 국립중앙박물관

▲ 청자 상감 모란 구름 학 무늬 베개 ⓒ 국립중앙박물관   ▲ 청자 사자 장식 뚜껑 향로 ⓒ 국립중앙박물관

대장경판이 있는 합천 해인사

고려 시대에 불교는 백성의 마음을 하나로 모으는 역할을 했어요. 대규모의 불교 행사가 열리고 스님이 되는 과거 시험도 있었지요. 특히 나라가 어려울 때 정신적인 힘이 되었어요. 부처의 힘으로 외적을 물리치기 위해 1236년부터 1248년까지 한 글자 한 글자 정성을 기울여 대장경을 만들기도 했답니다.

▲ 합천 해인사의 대장경판 ⓒ 문화재청

대장경은 부처의 가르침이 담긴 불경을 말해요. 고려는 대장경을 만들기 위해 강화도에 대장도감을 설치했어요. 대장경을 새긴 목판은 3년에 걸쳐 만들어졌어요. 질 좋은 나무를 2년 정도 바닷물에 담갔다가 꺼내서 소금물에 삶아요. 그런 다음 물이 잘 빠지고 바람이 잘 통하는 곳에서 1년 정도 정성껏 말

▼ 합천 해인사 장경판전 ⓒ 셔터스톡

렸지요. 목판이 다 마르면 세심하게 다듬어서 글을 새겼어요. 글을 다 새긴 후에는 목판에 옻칠을 했어요. 이때 목판이 뒤틀리지 않도록 양쪽 끝에 두꺼운 나무를 붙였어요. 그러고는 모서리를 구리로 장식해서 마무리했답니다. 총 8만 개가 넘는 목판 양면에 글자를 새겨 넣어 팔만대장경이라 부르기도 하지요. 200자 원고지에 옮겨 적으면 자그마치 원고지 25만 장이 필요한 만큼의 분량인데 틀린 글자가 거의 없을 만큼 정교하게 만들어졌어요. 대장경판은 이런 오랜 역사와 내용의 완벽함을 인정받아 유네스코 세계 기록 유산에 등재되었어요.

  대장경판은 경상남도 합천에 위치한 해인사의 장경판전에 보관되어 있어요. 장경판전은 과학적인 구조로 해충과 습기로부터 대장경판을 잘 보존하고 있지요. 장경판전 역시 유네스코 세계 문화유산으로 등재되었어요.

청주 고인쇄박물관, 세계 최초의 금속 활자

  우리 역사상 가장 위대한 발명 중 하나인 금속 활자는 고려 시대 흥덕사(충북 청주시 운천동)에서 1377년에 펴낸 《직지심체요절》이라는 책에서 확인할 수 있어요. 이 책은 백운 스님이 쓴 것으로 사람이 마음을 바르게 가지면 곧 부처님의 마음이 된다는 내용이에요. 목판이 아니라 금속 활자로 인쇄된 가장 오래된 책이죠.

  목판으로 인쇄를 하면 책을 만들 때마다 모든 페이지를 나무 판에 새겨야 하는 어려움이 있었어요. 하지만 금속 활자는 글자를 금속으로 한 글자씩 만들어 두었다가 필요할 때마다 판에 글자를 조합해서 사용하는 것이기 때문에 시간과 비용을 절약할 수 있어요. 안타깝게도 《직지심체요절》은 현재 프랑스 국립도서관이 소장하고 있어서 우리가 만나 볼 수는 없어요. 하지만 흥덕사가 있던 자리에 청주 고인쇄박물관이 세워져서 금속 활자에 대해 배우고 체험할 수 있답니다.

▲ 청주 고인쇄박물관 ⓒ 연합뉴스 헬로 아카이브

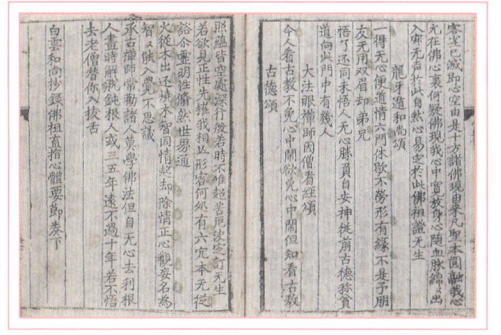
▲ 《직지심체요절》 ⓒ 문화재청

▲ 금속 활자 ⓒ 문화재청

70일의 수도, 안동 공민왕 유적지

고려의 수도는 개경이었지만, 외적의 침입이 잦았던 탓에 38년간 강화도로 수도를 옮긴 일이 있었어요. 강화도만큼 오래 왕이 머물지는 않았지만, 경상북도 안동 역시 70일간 고려의 임시 수도 역할을 한 일이 있어요. 1361년 겨울, 공민왕은 북쪽에서 내려오는 홍건적을 피해 안동까지 피난을 떠났지요. 안동은 고려 태조 왕건이 후백제의 견훤에게 승리한 곳으로, 나중에 왕건에게 안동이라는 지명을 하사받은 곳이기도 해요.

▲ 안동 영호루 ⓒ 게티이미지코리아

▲ 안동 놋다리밟기 ⓒ 연합뉴스 헬로 아카이브

안동으로 피난 오는 동안 노국 대장 공주가 차가운 강물을 편히 건너도록 여인들이 허리를 굽혀 등을 밟고 가게 했다는 이야기는 놋다리밟기 놀이를 통해 아직도 전해 내려오고 있어요. 공민왕이 다녀갔다는 봉정사, 공민왕이 직접 쓴 글씨로 알려진 영호루의 현판 등은 안동의 자부심이지요. 공민왕은 개경으로 올라간 후 안동을 안동대도호부로 승격시키고 관청을 만들었다고 해요. 그때 관청이 있던 자리가 지금의 안동 웅부공원이에요.

공민왕과 노국 대장 공주의 무덤, 현릉과 정릉

높은 계단으로 연결된 웅장한 언덕 위에 봉분이 두 개 보이지요? 북한 황해북도 개풍군에 있는 공민왕과 노국 대장 공주의 무덤이에요. 왼쪽이 공민왕의 무덤인 현릉, 오른쪽이 노국 대장 공주의 무덤인 정릉입니다.

노국 대장 공주가 아기를 낳던 중 사망하자 슬픔에 잠긴 공민왕은 직접 공주의 무덤을 설계하고 9년 동안 무덤을 만드는 데만 열중했어요. 자신의 무덤까지도 함께 설계했지요. 두 무덤은 작은 구멍으로 통로가 연결돼 있어 죽어서도 공주를 만나고 싶어한 공민왕의 사랑을 느낄 수 있지요. 왕과 왕비의 무덤이 나란히 나타나는 형태는 이전까지는 볼 수 없던 것으로 이후 조선 왕릉으로 이어졌어요.

▲ 조선 시대에 그려진 〈공민왕과 노국 대장 공주의 초상화〉 ⓒ 문화재청

▼ 공민왕의 무덤 현릉(왼쪽)과 노국 대장 공주의 무덤 정릉(오른쪽) ⓒ 게티이미지코리아

인물 연표

◆ 공민왕

1330 충숙왕과 명덕 태후 사이에서 둘째 아들로 태어났어요.

1341 열두 살의 나이에 원에 가서 살게 돼요.

1349 노국 대장 공주와 결혼했어요.

1362 최영 장군 등의 활약으로 개경을 되찾고 홍건적을 물리쳤어요.

1361 홍건적의 2차 침입으로 개경이 함락되었어요.

1360 홍건적을 물리쳐요.

1365 노국 대장 공주가 아이를 낳다가 죽었어요. 얼마 뒤 신돈을 발탁했어요.

1366 권문세족들이 농민들로부터 빼앗은 토지를 되돌려 주기 위해 전민변정도감을 설치했어요.

1351
원에서 고려 제31대 왕으로 즉위하고 두 달 뒤에 고려로 돌아왔어요.

1352
정방을 폐지했어요.

1359
홍건적의 1차 침입이 발생했어요.

1356
기철 등 기씨 일당을 제거했어요. 또한 정동행성을 폐지하고 쌍성총관부를 되찾았어요.

1368
중국에서 원이 망하고 명이 세워졌어요.

1371
신돈을 처형해요.

1374
공민왕이 신하들에 의해 죽음을 맞이해요.

찾아보기

개경	29, 46, 51, 52, 57, 58, 69, 77, 94, 101, 102, 104
고려 불상	94, 95
고려청자	94, 96, 97
공녀	25, 62
과거 제도	84
교서	50
군사령관	32
권문세족	16, 69, 76, 83, 84, 95, 104
금속 활자	94, 95, 100, 101
기황후	23, 24, 25, 29, 30, 31, 35, 42, 53, 61, 66
내시	54, 56
뇌물	80, 89
대사성	85
대장경판	94, 99, 100
뒷배	26
몽골족	9, 14, 15
밀실	54, 56
반란	13, 34, 42, 43, 58, 59, 61, 66, 69, 80, 93
반역	90
벼슬아치	80
변발	14, 15, 93
복주	49
사병	80
삼별초	15
서경	43, 45
성균관	84, 85, 93
성리학	85
성인	84
수복	40
수상	57, 58
수탈	13, 43
쌍성총관부	32, 34, 38, 39, 40, 105
안동 영호루	102

양민	83	패거리	29
어가	11	폐위	61
역참	38	피난	47, 49, 50, 51, 101, 102
외적	91, 93, 95, 99, 101		
의병	51	합천 해인사	99, 100
인쇄술	94	항쟁	15
인질	9	현릉	103
		호복	14, 15, 16, 93
자객	27	호위	53, 56, 57
장경판전	99, 100	호족	95
전령	47	홍건적	42, 43, 45, 46, 47, 51, 52, 53, 66, 69, 77, 95, 101, 104, 105
전민변정도감	76, 83, 104		
정동행성	38, 40, 105	황무지	76
정동행중서성	38	황허강	43
정릉	103	횡포	9, 13, 25, 69, 95
정방	17, 19, 20, 22, 105	흥왕사	53, 58, 59, 61, 69
조서	35		
조정	23, 57		
초상화	69, 103		
최영	51, 58, 59, 63, 77, 79, 80, 104		

고려의 마지막 불꽃

초판 1쇄 발행 2024년 04월 01일

글 양지안　**그림** 홍지혜
발행처 주식회사 스푼북　**발행인** 박상희　**총괄** 김남원
편집 길유진 김선영 박선정 김선혜 권새미
디자인 이지숙 정진희　**마케팅** 구혜지 박미소
출판신고 2016년 11월 15일 제2017- 000267호
주소 (03993) 서울시 마포구 월드컵북로6길 88-7 ky21빌딩 2층
전화 02-6357-0050(편집) 02-6357-0051(마케팅)
팩스 02-6357-0052　**전자우편** book@spoonbook.co.kr

ⓒ양지안, 홍지혜 2024
ISBN 979-11-6581-515-8 (73910)

* 저작권법에 의하여 한국 내에서 보호 받는 저작물이므로 무단 전재와 무단 복제를 금합니다.
* 잘못 만들어진 책은 구입하신 곳에서 바꾸어 드립니다.

제품명 고려의 마지막 불꽃	
제조자명 주식회사 스푼북 ǀ **제조국명** 대한민국 ǀ **전화번호** 02-6357-0050	
주소 (03993) 서울시 마포구 월드컵북로6길 88-7 ky21빌딩 2층	⚠ **주 의**
제조년월 2024년 04월 01일 ǀ **사용연령** 10세 이상	아이들이 모서리에 다치지 않게 주의하세요.
※ KC마크는 이 제품이 공통안전기준에 적합하였음을 의미합니다.	